Impressum
Verlag: BABADADA GmbH, Nedderfeld 112 , 22529 Hamburg
Geschäftsführer / Verlagsleitung: Harald Hof
Druck: Books on Demand GmbH, In de Tarpen 42, 22848 Norderstedt

Imprint
Publisher: BABADADA GmbH, Nedderfeld 112 , 22529 Hamburg, Germany
Managing Director / Publishing direction: Harald Hof
Print: Books on Demand GmbH, In de Tarpen 42, 22848 Norderstedt

school
المدرسة

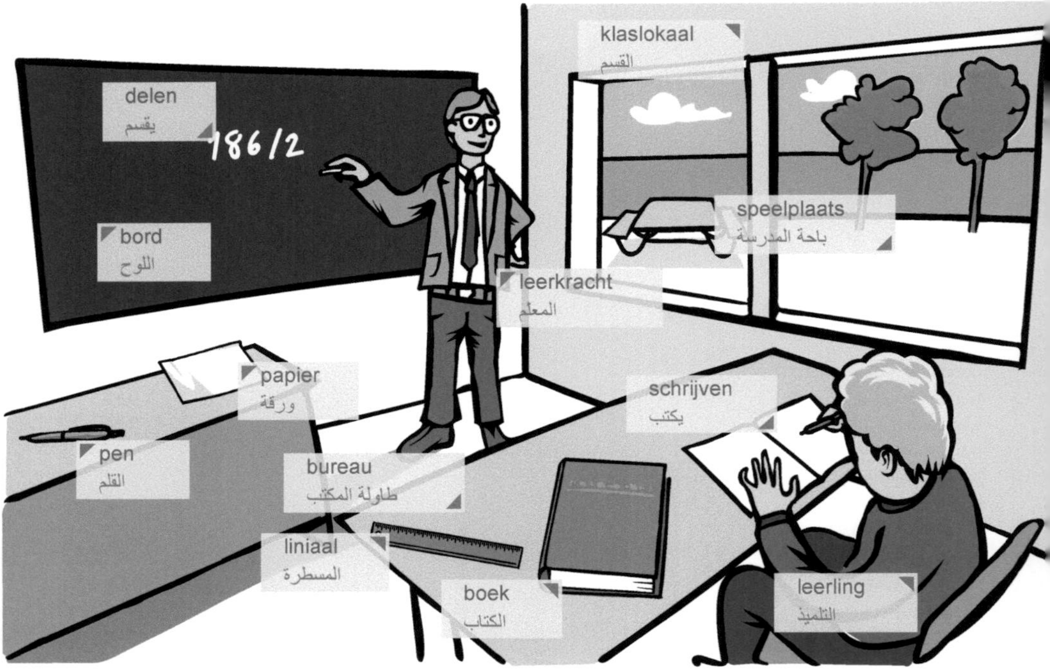

klaslokaal
القسم
delen
يقسم
186/2
speelplaats
باحة المدرسة
bord
اللوح
leerkracht
المعلّم
papier
ورقة
schrijven
يكتب
pen
القلم
bureau
طاولة المكتب
liniaal
المسطرة
boek
الكتاب
leerling
التلميذ

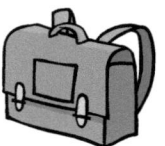

schooltas
الحقيبة المدرسية

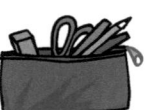

pennenzak
المقلمة

potlood
قلم الرصاص

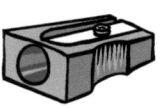

puntenslijper
البرّاية

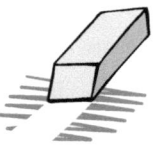

gom
المِمحاة

tekenblok
دفتر الرسم

tekening

الرسمة

verfborstel

الفرشاة

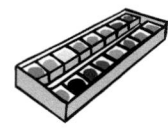

verfdoos

علبة التلوين

schaar

المقص

lijm

المادة اللاصقة

werkboek

دفتر التمارين

huiswerk

الواجب المدرسي

12

nummer

الرقم

2+2

optellen

يجمع

5-2

aftrekken

يطرح

2×2

vermenigvuldigen

يضرب

rekenen

يحسب

A

letter

الحرف

ABCDEFG HIJKLMN OPQRSTU VWXYZ

alfabet

الأبجدية

woord

كلمة

tekst

النص

Lezen

يقرأ

krijt

الطبشور

les

الحصة

klassenboek

دفتر الدوام المدرسي

examen

الامتحان

certificaat

شهادة

schooluniform

اللباس المدرسي

onderwijs

التعليم

encyclopedie

الموسوعة

universiteit

الجامعة

microscoop

المجهر

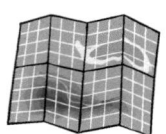

kaart

الخريطة

papiermand

قماما

reis
سفر

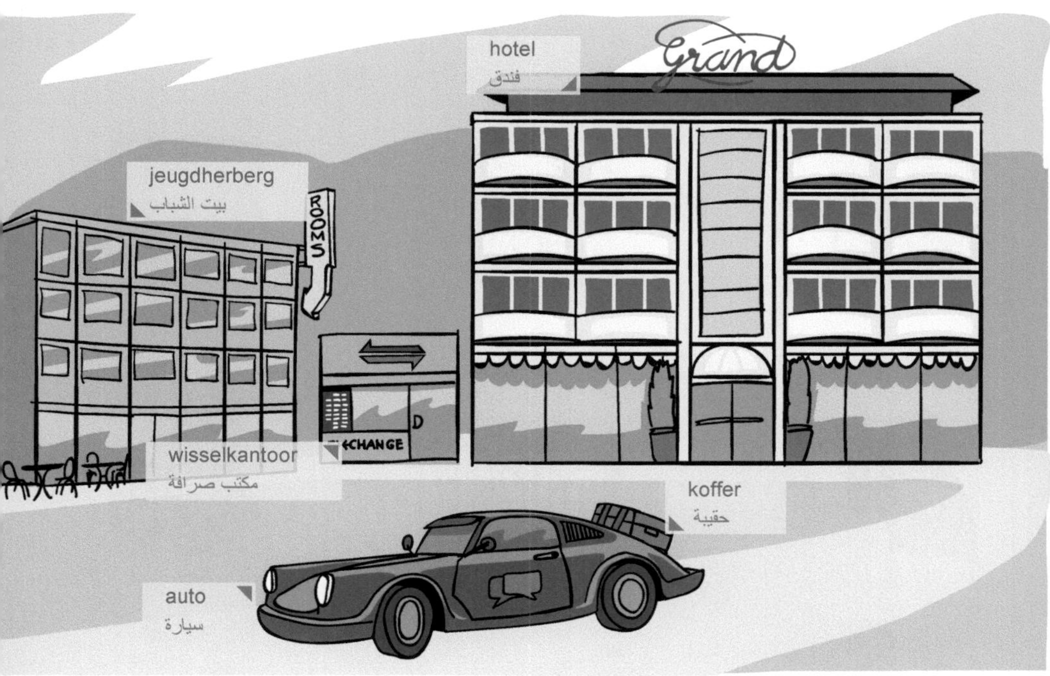
hotel
فندق
Grand
jeugdherberg
بيت الشباب
ROOMS
EXCHANGE
wisselkantoor
مكتب صرافة
koffer
حقيبة
auto
سيارة

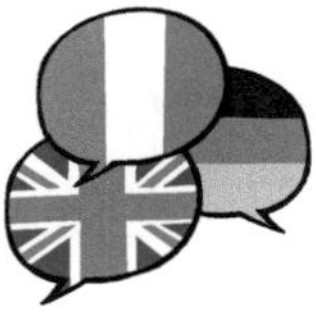

Taal
اللغة

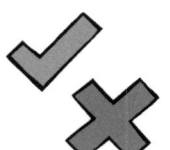

ja / nee
نعم / لا

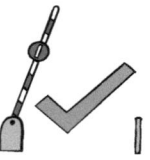

oké
حسناً

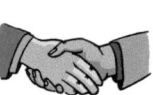

hallo
مرحباً

vertaler
مترجم

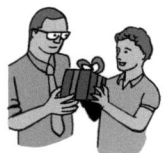

bedankt
شكراً

Hoeveel kost …?

كم ثمن … ؟

Ik begrijp het niet

لا أفهم

probleem

مشكلة

Goedenavond!

مساء الخير

Goedemorgen!

صباح الخير!

Goedenavond!

ليلة سعيدة

Tot ziens

إلى اللقاء

richting

اتجاه

bagage

أمتعة السفر

zak

حقيبة

rugzak

حقيبة ظهر

gast

ضيف

kamer

غرفة

slaapzak

كيس للنوم

tent

خيمة

toeristeninformatie

استعلامات سياحية

strand

شاطئ

kredietkaart

بطاقة ائتمان

ontbijt

إفطار

lunch

طعام الغداء

avondeten

العشاء

ticket

بطاقة سفر

lift

مصعد

postzegel

طابع بريدي

grens

حدود

douane

الجمارك

ambassade

سفارة

visum

تأشيرة

paspoort

جواز سفر

transport
نقل

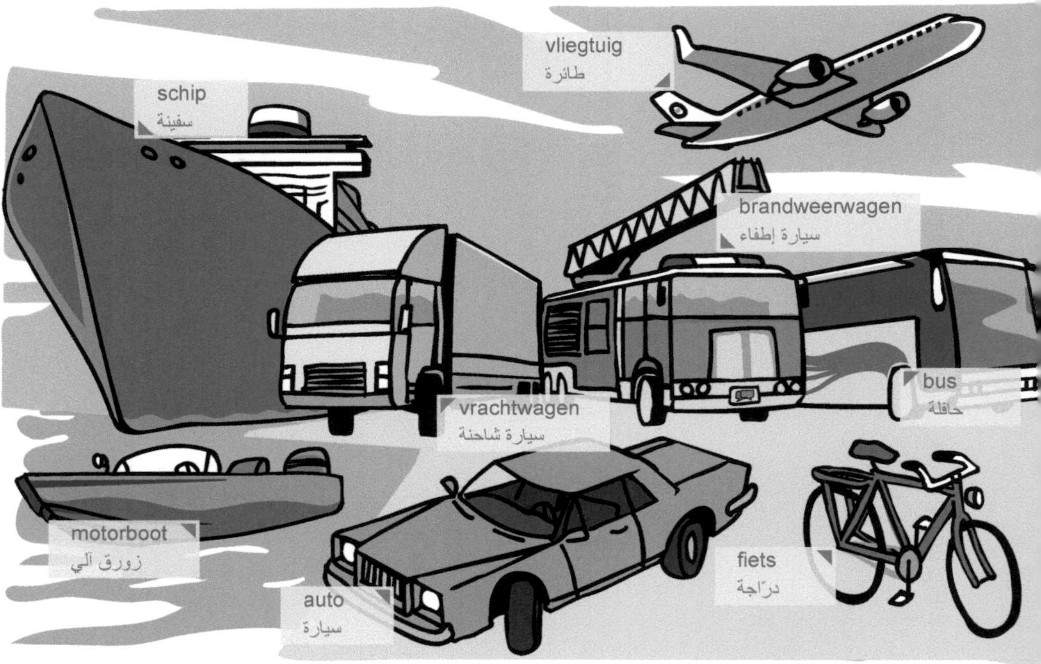
vliegtuig
طائرة
schip
سفينة
brandweerwagen
سيارة إطفاء
bus
حافلة
vrachtwagen
سيارة شاحنة
motorboot
زورق آلي
fiets
درّاجة
auto
سيارة

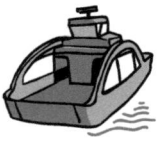

veerboot
عبارة

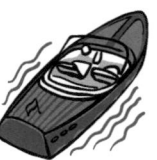

boot
قارب

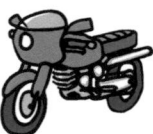

motor
دراجة نارية

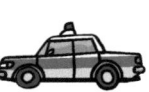

politiewagen
سيارة شرطة

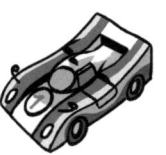

racewagen
سيارة سباق

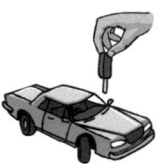

huurauto
سيارة مستأجرة

carpoolen

أسلوب تشاركي في استئجار السيارات

sleepwagen

سيارة للجر

vuilniswagen

سيارة نقل القمامة

motor

محرك

benzine

وقود

benzinestation

محطة وقود

verkeersbord

إشارة مرور

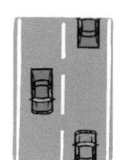

verkeer

حركة السير

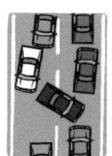

file

ازدحام سير

parkeerplaats

موقف سيارات

station

محطة قطار

sporen

سكك حديدية

trein

قطار

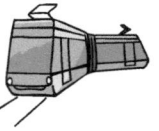

tram

ترام

wagon

عربة قطار

helikopter

طائرة مروحية

luchthaven

مطار

toren

برج

passagier

مسافر

container

حاوية

karton

علبة كرتون

kar

عربة يد

mand

سلة

opstijgen / landen

يقلع / يهبط

stad

مدينة

dorp

قرية

stadscentrum

مركز المدينة

huis

بيت

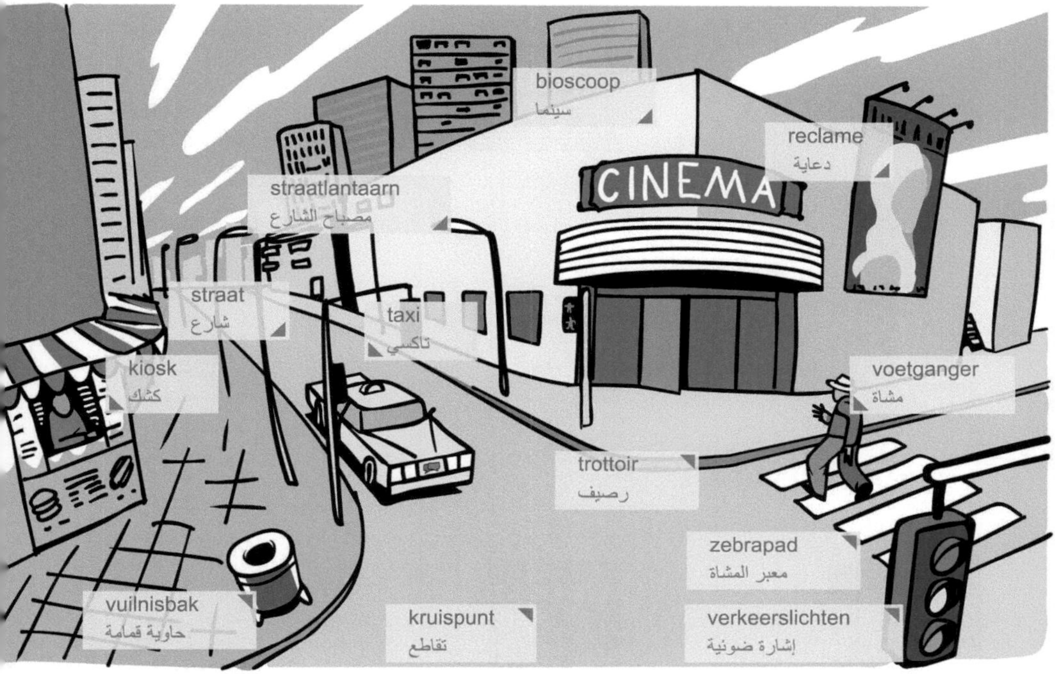
bioscoop
سينما
reclame
دعاية
CINEMA
straatlantaarn
مصباح الشارع
straat
شارع
taxi
تاكسي
kiosk
كشك
voetganger
مشاة
trottoir
رصيف
zebrapad
معبر المشاة
vuilnisbak
حاوية قمامة
kruispunt
تقاطع
verkeerslichten
إشارة ضوئية

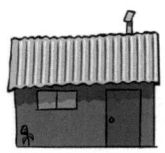

hut
كوخ

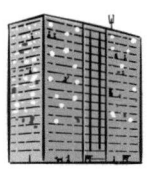

woning
شقة

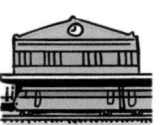

station
محطة قطار

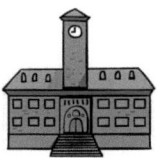

stadshuis
دار البلدية

MUSEUM
museum
متحف

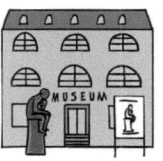

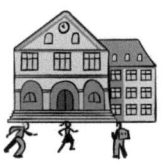

school
المدرسة

universiteit

الجامعة

bank

مصرف

ziekenhuis

المستشفى

hotel

فندق

apotheek

صيدلية

kantoor

مكتب

boekwinkel

مكتبة

winkel

متجر

bloemenwinkel

محل لبيع الزهور

supermarkt

سوبرماركت

markt

سوق

warenhuis

متجر كبير

vishandelaar

تاجر السمك

winkelcentrum

مركز تسوّق

haven

ميناء

park

حديقة عامة

bank

مقعد

brug

جسر

trap

درج، سلم

metro

مترو

tunnel

نفَق

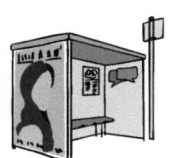

bushalte

موقف حافلات

bar

بار

restaurant

مطعم

brievenbus

صندوق البريد

straatnaambord

لافتة باسم الشارع

parkeermeter

مقياس زمن الوقوف

zoo

حديقة حيوانات

zwembad

مسبح

moskee

مسجد

boerderij

مزرعة

milieuverontreiniging

تلوث البيئة

kerkhof

مقبرة

kerk

كنيسة

speelplaats

ملعب الأطفال

tempel

معبد

landschap

طبيعة ريفية

blad — ورقة

wegwijzer — علامة إرشاد

weg — طريق

weide — مرج

steen — حجر

boom — شجرة

wandelaar — رحالة

rivier — نهر

gras — عشب

bloem — زهرة

vallei

وادٍ

heuvel

جبل

meer

بحيرة

bos

غابة

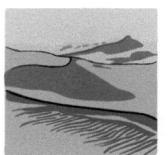

woestijn

صحراء

vulkaan

بركان

kasteel

قلعة

regenboog

قوس قزح

paddenstoel

فطر

palmboom

نخلة

mug

بعوض

vlieg

ذبابة

mier

نملة

bijl

نحلة

spin

عنكبوت

kever

خنفساء

kikker

ضفدعة

eekhoorn

سنجاب

egel

قنفذ

haas

أرنب

uil

بومة

vogel

عصفور

zwaan

بجعة

wild zwijn

خنزير بري

hert

غزال

eland

إلكة

dam

سد

windturbine

دولاب الطاحونة الهوائية

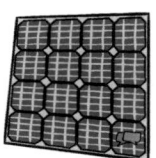

zonnepaneel

خلية شمسية

klimaat

مناخ

restaurant
مطعم

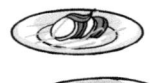

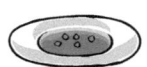

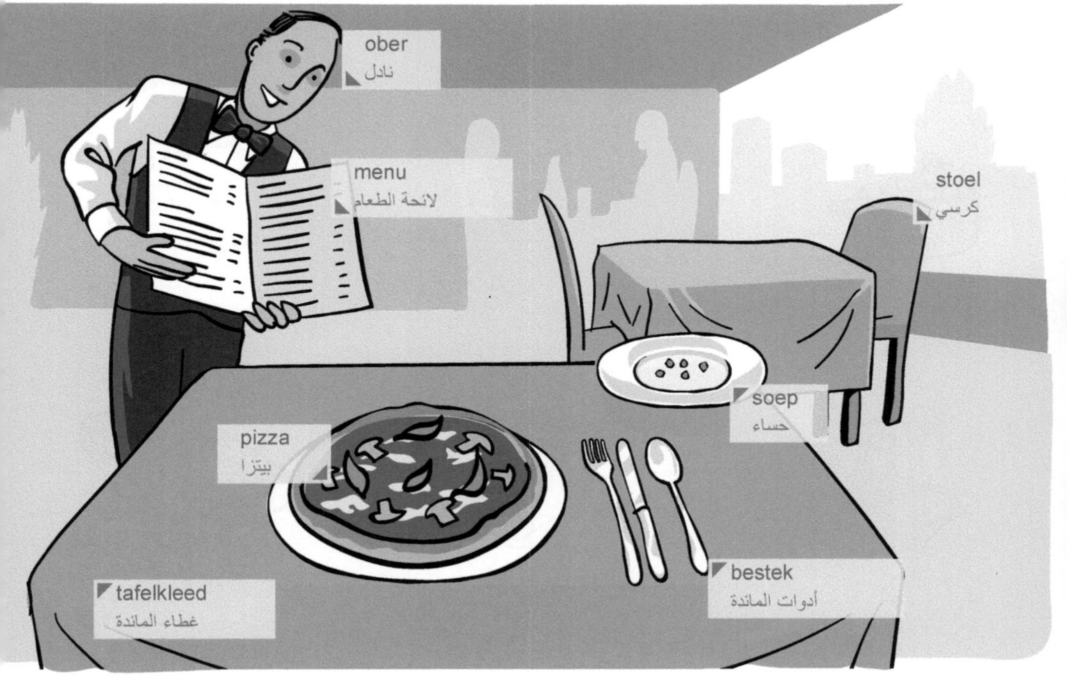

ober
نادل
menu
لائحة الطعام
stoel
كرسي
soep
حساء
pizza
بيتزا
bestek
أدوات المائدة
tafelkleed
غطاء المائدة

voorgerecht

مقبلات

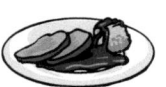

hoofdgerecht

الصحن الرئيسي

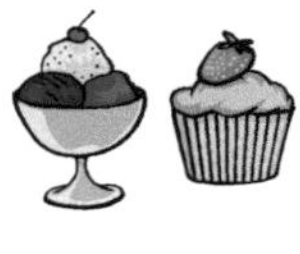

nagerecht

حلوى أو فاكهة بعد الطعام

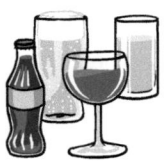

drankjes

مشروبات

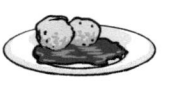

eten

طعام

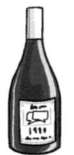

fles

زجاجة

fastfood

وجبات سريعة

street food

طعام الشارع

theepot

إبريق الشاي

suikerpot

علبة السكر

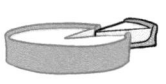

portie

حصّة

espressomachine

آلة الإسبريسو

kinderstoel

كرسي عالٍ

rekening

فاتورة

dienblad

صينية

mes

سكين

vork

شوكة

lepel

ملعقة

theelepel

ملعقة الشاي

serviette

منديل المائدة

glas

كأس

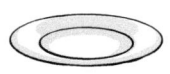

bord

صحن

soepbord

صحن الحساء

schoteltje

صحن الفنجان

saus

صلصة

zoutvatje

مملحة

pepermolen

مطحنة الفلفل

azijn

خلّ

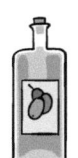

olie

زيت الطعام

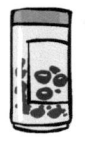

kruiden

توابل

ketchup

كتشاب

mosterd

خردل

mayonaise

مايونيز

supermarkt

سوبرماركت

aanbieding
عرض خاص
FOR
klant
زبون
zuivelproducten
مشتقات الحليب
fruit
فواكه
winkelwagen
عربة تسوّق

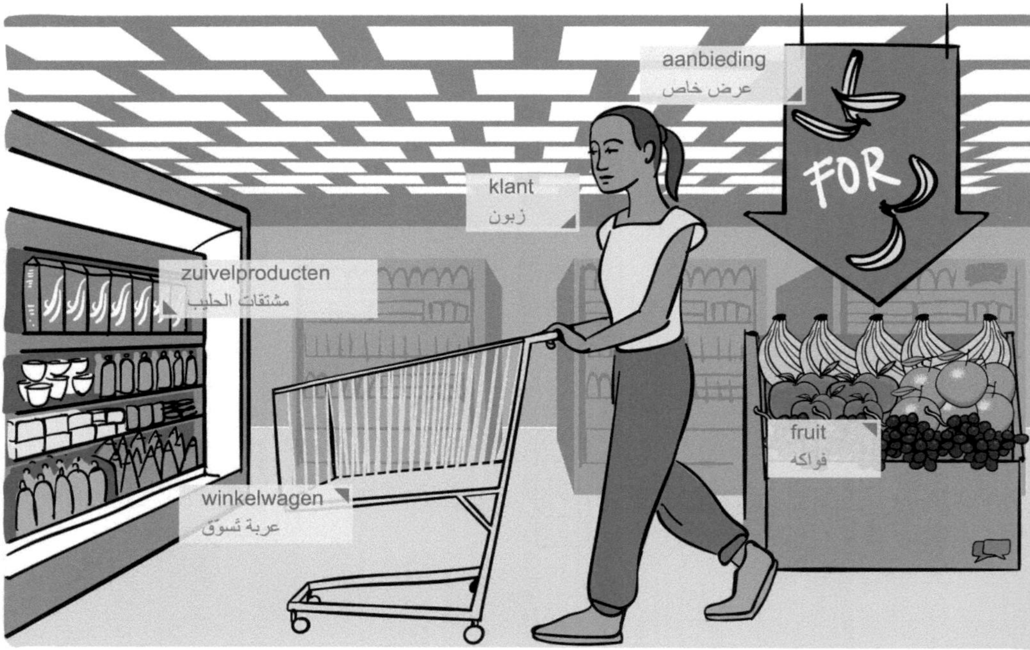

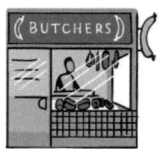

BUTCHERS

slagerij

جزّار

BAKERY

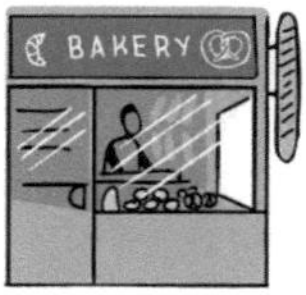

bakkerij

مخبز

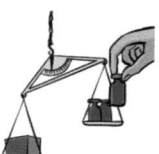

wegen

يزن

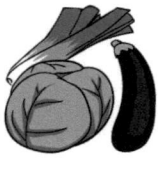

groenten

خضار

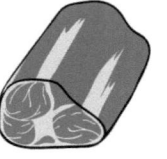

vlees

لحم

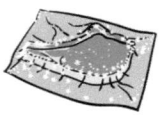

diepvriesvoedsel

المأكولات المجمّدة

charcuterie

مرتدلا أو جبن

conserven

معلبات

waspoeder

مسحوق الغسيل

snoep

حلويات

huishoudproducten

المواد المنزلية

schoonmaakproducten

منظفات

verkoopster

بائعة

kassa

صندوق الحساب

kassier

أمين صندوق

boodschappenlijstje

قائمة المشتريات

openingstijden

أوقات العمل

portefeuille

محفظة النقود

kredietkaart

بطاقة ائتمان

tas

حقيبة

plastieken zakje

كيس بلاستيكي

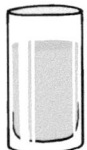

water

ماء

sap

عصير

melk

حليب

cola

كولا

wijn

نبيذ

bier

بيرة

alcohol

كحول

cacao

كاكاو

thee

شاي

koffie

قهوة

espresso

قهوة إسبريسو

cappuccino

كابوتشينو

banaan

موزة

appel

تفاح

sinaasappel

برتقال

meloen

بطيخ

citroen

ليمون

wortel

جزرة

knoflook

ثوم

bamboe

خيزران

ajuin

بصل

champignon

فطر

noten

لوزيات

noodles

شعيرية

spaghetti

سباغيتي

rijst

أرزّ

salade

سلطة

frieten

بطاطا مقلية

gebakken aardappelen

بطاطا مقلية

pizza

بيتزا

hamburger

هامبورغر

sandwich

ساندويتش

kalfslapje

شريحة لحم مقلية

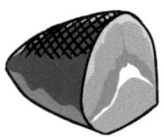

ham

لحم خنزير

salami

سلامي

worst

سجق

kip

دجاج

braden

لحم محمر

vis

سمك

eten - طعام

havervlokken

دقيق الشوفان

muesli

موسلي

cornflakes

كورن فلكس

bloem

طحين

croissant

كرواسان

pistolet

خبز صغير

brood

خبز

toast

خبز محمص

koekjes

بسكويت

boter

زبدة

kwark

لبن زبادي

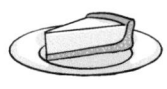

taart

كعكة

ei

بيضة

spiegelei

بيض مقلي

kaas

جبنة

ijs

مثلجات

suiker

سكر

honing

عسل

confituur

مربّى الفاكهة

choco

كريم النوغا

curry

الكاري

boerderij
مزرعة

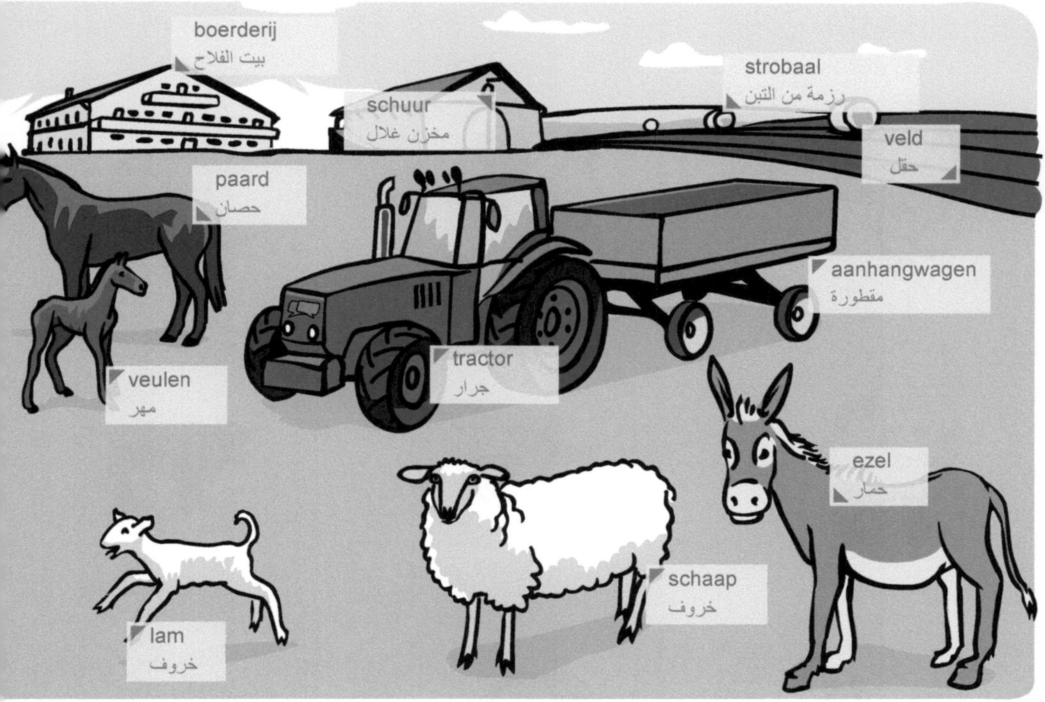
boerderij
بيت الفلاح
schuur
مخزن غلال
strobaal
رزمة من التبن
veld
حقل
paard
حصان
aanhangwagen
مقطورة
tractor
جرار
veulen
مهر
ezel
حمار
schaap
خروف
lam
خروف

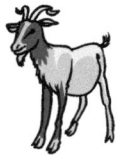

geit
ماعز

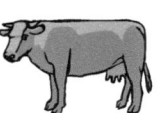

koe
بقرة

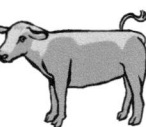

kalf
عجل

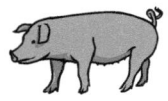

varken
خنزير

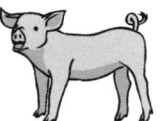

biggetje
خنزير صغير

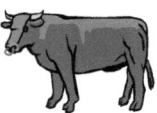

stier
ثور

gans

إوزّة

eend

بطة

kuiken

صوص

kip

دجاجة

haan

ديك

rat

جرذ

kat

قطّة

muis

فأر

os

ثور

hond

كلب

hondenhok

كوخ الكلب

tuinslang

خرطوم الحديقة

gieter

إبريق

zeis

منجل

ploeg

المحراث

sikkel

منجل

schoffel

معزقة

hooivork

مذراة الزبل

bijl

بلطة

kruiwagen

عربة يد

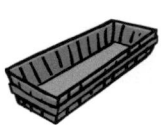

trog

معلف

melkkan

صفيحة الحليب

zak

كيس

hek

سياج

stal

اصطبل

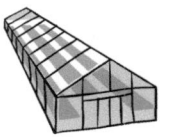

broeikas

دفينة

bodem

تربة

zaad

بذور

mest

سماد

maaidorser

حصّادة درّاسة

oogsten

يحصد

oogst

محصول

yam

بطاطا يامس

tarwe

قمح

soja

صويا

aardappel

بطاطا

maïs

ذرة

koolzaad

سلجم

fruitboom

شجرة فاكهة

maniok

نبات منيهوت

graan

الحبوب

huis

بيت

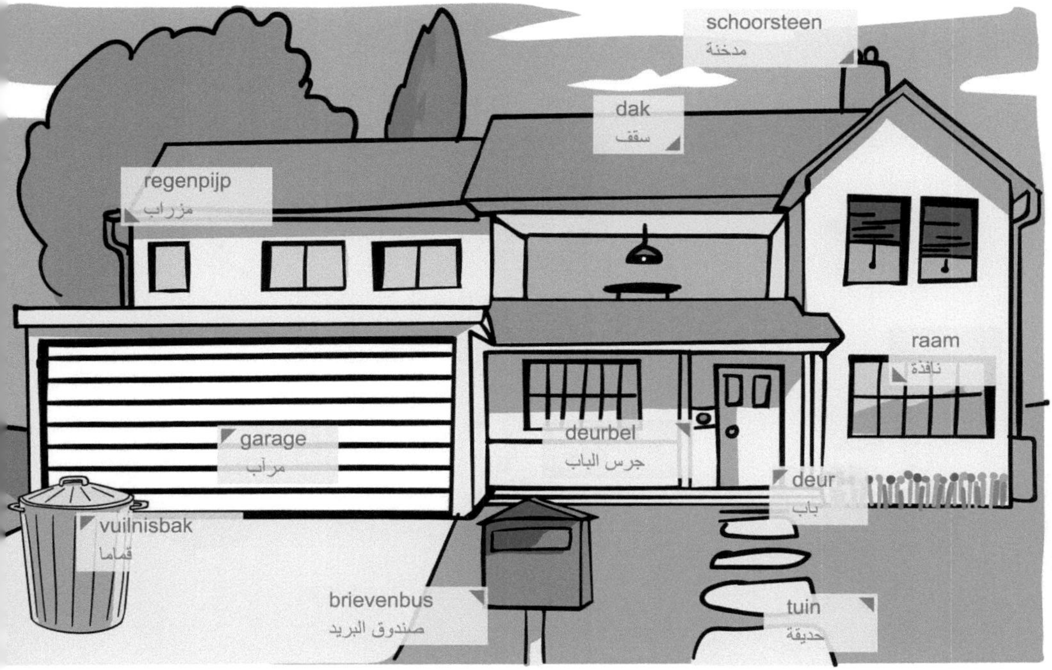

schoorsteen
مدخنة
dak
سقف
regenpijp
مزراب
raam
نافذة
garage
مرآب
deurbel
جرس الباب
deur
باب
vuilnisbak
قماما
brievenbus
صندوق البريد
tuin
حديقة

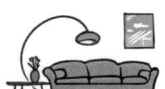

woonkamer

غرفة جلوس

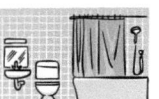

badkamer

الحمّام

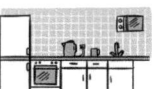

keuken

مطبخ

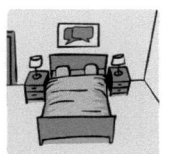

slaapkamer

غرفة النوم

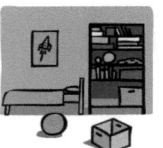

kinderkamer

غرفة الأطفال

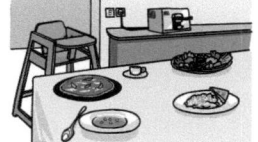

eetkamer

غرفة الطعام

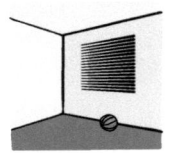

vloer

أرضية

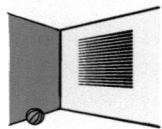

muur

حائط

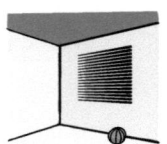

plafond

سقف

kelder

قبو

sauna

ساونا

balkon

بلكون

terras

شرفة

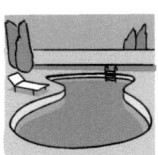

zwembad

مسبح

grasmaaier

جزّازة العشب

dekbedovertrek

بياضات السرير

dekbed

بطانية

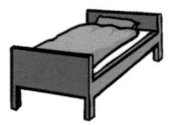

bed

سرير

bezem

مكنسة

emmer

سطل

schakelaar

مفتاح كهربائي

woonkamer
غرفة جلوس

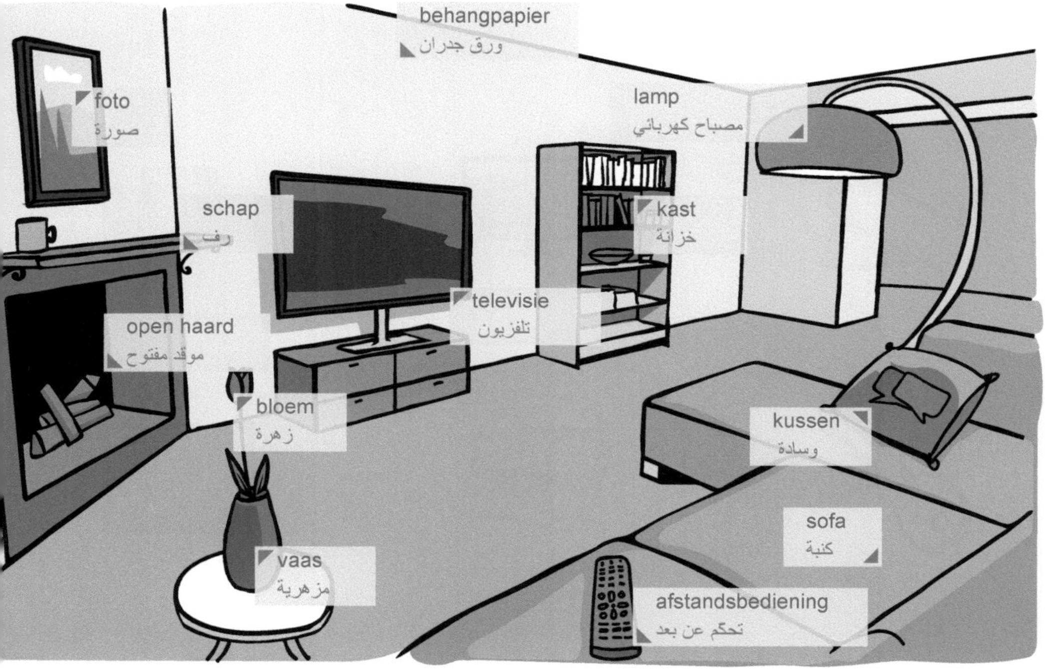

behangpapier
ورق جدران
foto
صورة
lamp
مصباح كهربائي
schap
رف
kast
خزانة
televisie
تلفزيون
open haard
موقد مفتوح
bloem
زهرة
kussen
وسادة
sofa
كنبة
vaas
مزهرية
afstandsbediening
تحكم عن بعد

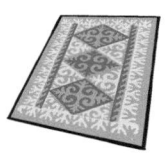

mat
بصاط

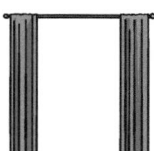

gordijn
ستارة

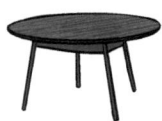

tafel
طاولة

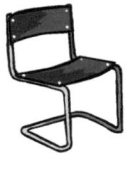

stoel
كرسي

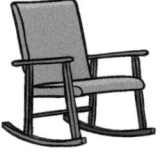

schommelstoel
كرسي هزّاز

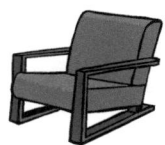

fauteuil
كرسي ذو ذراعين

boek

الكتاب

deken

بطانية

decoratie

زخرفة

brandhout

الحطب

film

فيلم

stereo-installatie

تجهيزات ستيريو

sleutel

مفتاح

krant

جريدة

schilderij

لوحة مرسومة

poster

مُلصق

radio

راديو

notitieboekje

دفتر ملاحظات

stofzuiger

المكنسة الكهربائية

cactus

صبار

kaars

شمعة

keuken
مطبخ

koelkast
برّاد
microgolfoven
ميكروويف
keukenweegschaal
ميزان المطبخ
broodrooster
محمصة الخبز
afwasmiddel
منظفات
oven
فرن
vriesvak
ثلاجة
vuilnisbak
قماما
vaatwasmachine
جلّاية

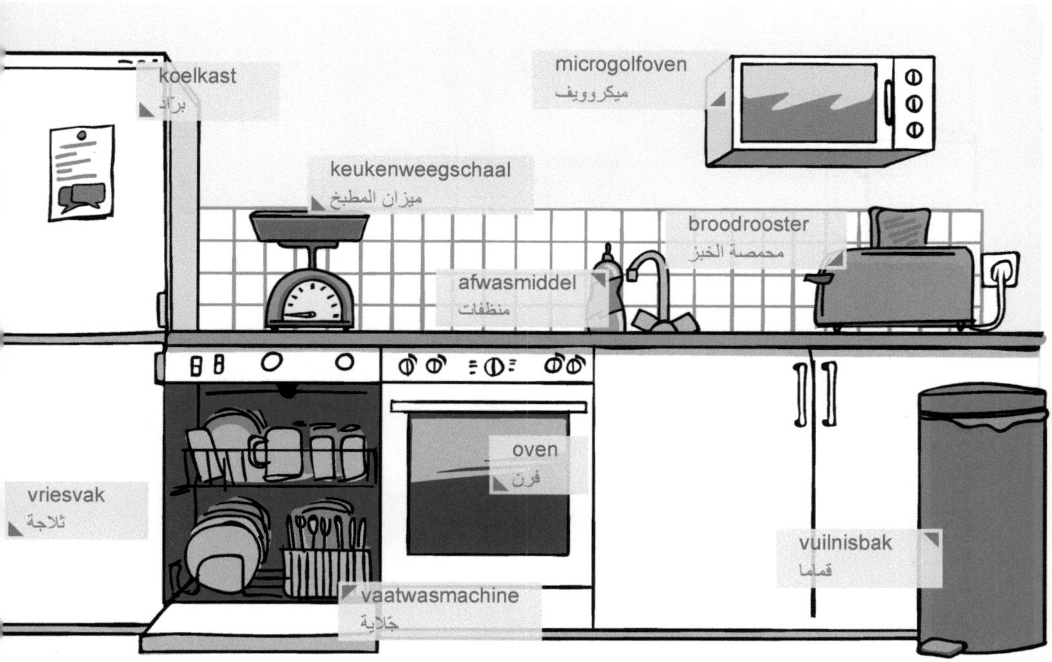

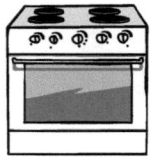

fornuis

موقد

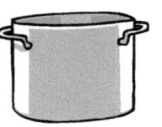

pot

قِدر

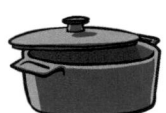

gietijzeren pot

وعاء من الحديد

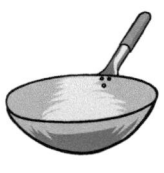

wok / kadai

قدر صيني

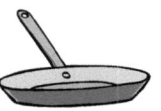

pan

مقلاة

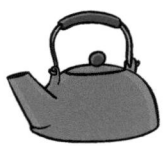

waterkoker

غلاية

stoomkoker

قدر البخار

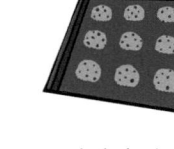

bakplaat

صينية

servies

أواني

mok

فنجان

kom

صحن

eetstokjes

عيدان الأكل

pollepel

مغرفة

spatel

ملعقة منبسطة

garde

خفاقة

vergiet

مصفاة

zeef

مصفاة

rasp

مبشرة

mortier

هاون

barbecue

شواء

haardvuur

موقد

snijplank

لوح التقطيع

deegrol

نشّابة

kurkentrekker

مفتاح الزجاجات

blik

علبة

blikopener

مفتاح العلب المعدنية

pannenlap

قماش الفرن

gootsteen

مجلى

borstel

فرشاة

spons

إسفنج

blender

خلاط

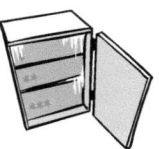

vriezer

مجمّدة

papfles

زجاجة الطفل

kraan

صنبور الماء

badkamer

الحمّام

verwarming
تدفئة
handdoek
منشفة
douche
دوش
douchegordijn
ستارة الدوش
bubbelbad
حمام رغوة
badkuip
حوض الحمام
glas
كأس
wasmachine
غسّالة
kraan
صنبور الماء
tegels
بلاط
kinderpo
قفازات مطاطية
gootsteen
مجلى

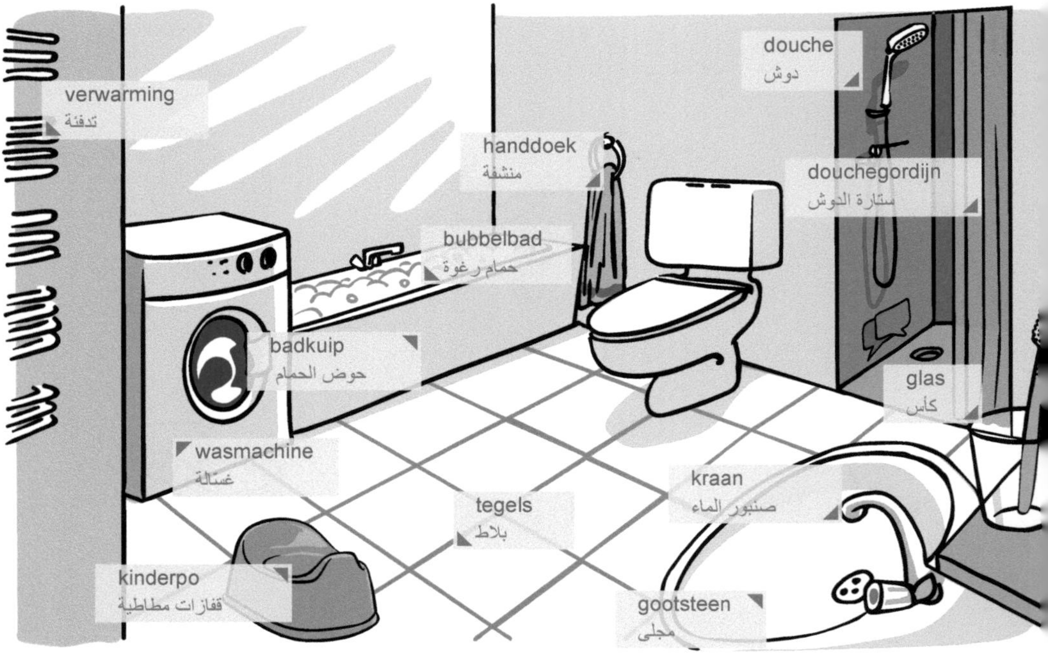

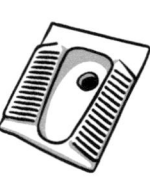

toilet

حمام

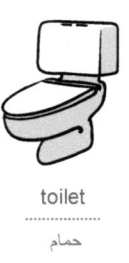

hurktoilet

مرحاض القرفصاء

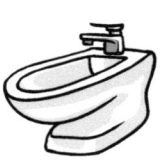

bidet

حوض التشطيف

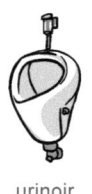

urinoir

مبولة

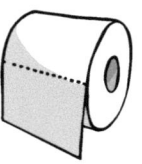

toiletpapier

ورق المرحاض

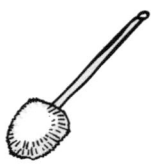

toiletborstel

فرشاة الحمام

tandenborstel

فرشاة الأسنان

tandpasta

معجون الأسنان

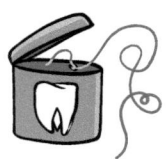

flosdraad

خيط حرير لتنظيف الأسنان

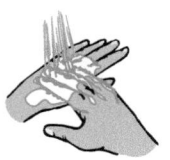

wassen

يغسل

handdouche

رشاش ماء يدوي

bidethanddouche

شطاف

waskom

حوض الغسيل

rugborstel

فرشاة الظهر

zeep

صابون

douchegel

جيل الدوش

shampoo

شامبو

washandje

ممسحة

afvoer

مصرف للماء

crème

مرهم

deodorant

مزيل الروائح

spiegel

مرآة

handspiegel

مرآة يد

scheermes

موس حلاقة

scheerschuim

رغوة الحلاقة

aftershave

كولونيا

kam

مشط

borstel

فرشاة

haardroger

سشوار

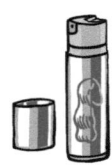

haarlak

مثبت للشعر

make-up

ماكياج

lippenstift

روج

nagellak

طلاء أظافر

watten

قطن

nagelknipper

مقص أظافر

parfum

عطر

toilettas

سلة الغسيل

kruk

مقعد صغير

weegschaal

ميزان

badjas

معطف الحمام

latex handschoenen

قفازات مطاطية

tampon

سدادة قطنية

maandverband

منشفة صحية

chemisch toilet

تواليت كيميائية

kinderkamer
غرفة الأطفال

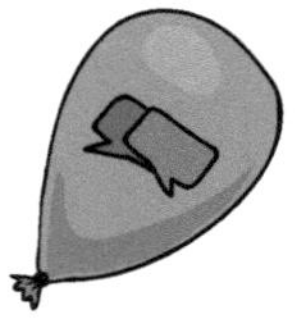

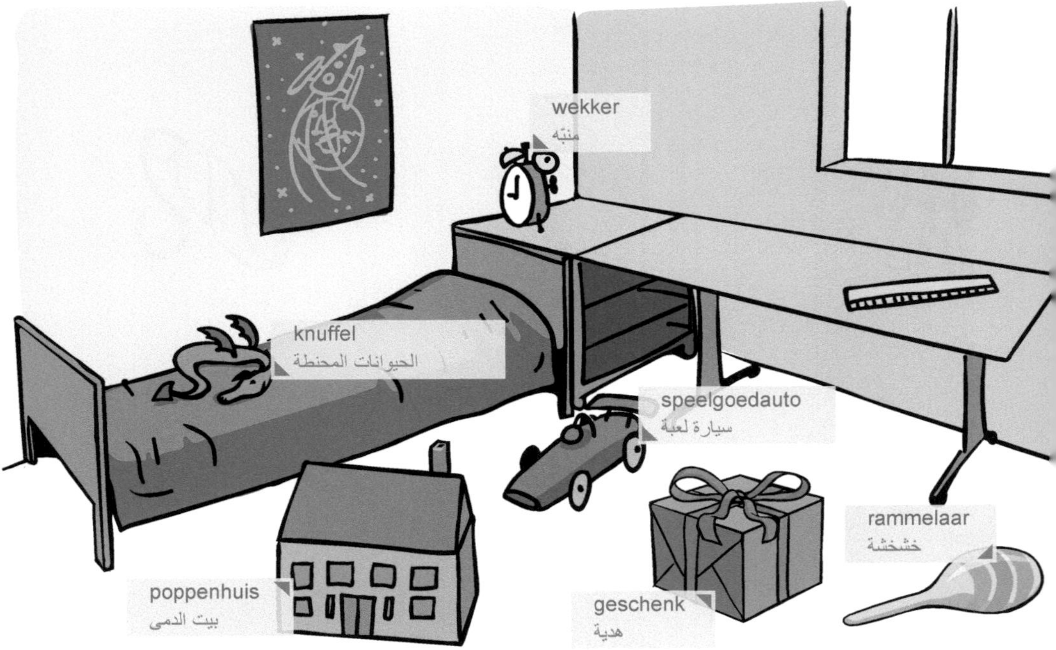
wekker
منبّه
knuffel
الحيوانات المحنطة
speelgoedauto
سيارة لعبة
rammelaar
خشخشة
poppenhuis
بيت الدمى
geschenk
هدية

ballon
بالون

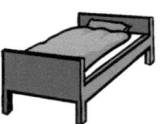

bed
سرير

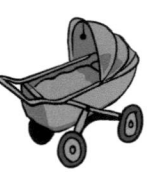

kinderwagen
عربة الأطفال

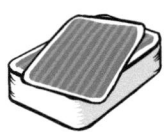

spel kaarten
لعبة الورق

puzzel
أحجية

SUPER
MEGA
stripboek
رسوم هزلية

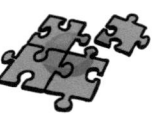

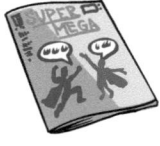

legoblokjes

أحجار الليغو

blokken

حجارة تركيب

actiefiguur

دمية بطل

kruippakje

لباس الطفل

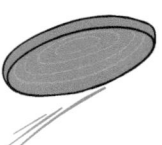

frisbee

فريسبي

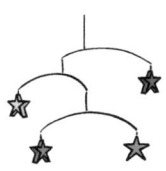

mobiel

دمية معلّقة

bordspel

لعبة الطاولة

dobbelsteen

لعبة النرد

modelspoorweg

لعبة قطار

fopspeen

مصّاصة

feest

حفلة

prentenboek

كتاب مصوّر

bal

كرة

pop

دمية

spelen

يلعب

zandbak

ملعب رملي للأطفال

schommel

أرجوحة

speelgoed

لعبة

spelconsole

ألعاب فيديو

driewieler

دراجة ثلاثية

knuffelbeer

دمية على شكل الدب

kleerkast

خزانة الثياب

kleding

ثياب

sokken

جوارب قصيرة

kousen

جوارب طويلة

maillot

جورب بنطلون

sjaal
شال

paraplu
شمسية

riem
حزام

T-shirt
تي شيرت

laarzen
حذاء شتوي

slippers
شبشب

sneakers
أحذية رياضية

sandalen

صندل

schoenen

حذاء

rubberlaarzen

جزمة كاوتشوك

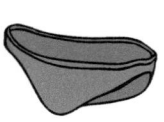

onderbroek

سروال داخلي

beha

صدّارة

onderhemd

قميص داخلي

lichaam

لباس ملاصق للجسم

broek

بنطلون

jeans

جينز

rok

تنورة

blouse

بلوزة

hemd

قميص

trui

سترة قطنية

capuchontrui

كنزة كم طويل

blazer

سترة فضفاضة

jas

سترة

jas

معطف

regenjas

معطف مطري

kostuum

زي - طقم نسائي

jurk

ثوب

trouwjurk

ثوب الزفاف

pak

طقم

nachthemd

قميص نوم

pyjama

بيجاما

sari

ساري

hoofddoek

حجاب

tulband

عمامة

boerka

برقع

kaftan

قفطان

abaya

عباءة

badpak

مايوه

zwembroek

سروال سباحة

short

شرت

trainingspak

بدلة رياضية

schort

منزر

handschoenen

ققازات

knoop

زر

bril

نظّارة

armband

إسوارة

ketting

عقد

ring

خاتم

oorbel

قرط

pet

طاقيّة

kapstok

علّاقة ثياب

hoed

قبّعة

das

ربطة العنق

rits

سحّاب

helm

خوذة

bretellen

حمّالة البنطلون

schooluniform

اللباس المدرسي

uniform

زي موحّد

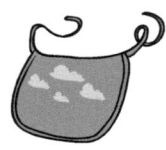

slabbetje

مريلة الأطفال

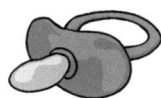

fopspeen

مصّاصة

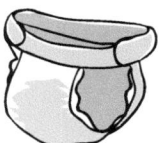

luier

لفافة

kantoor

مكتب

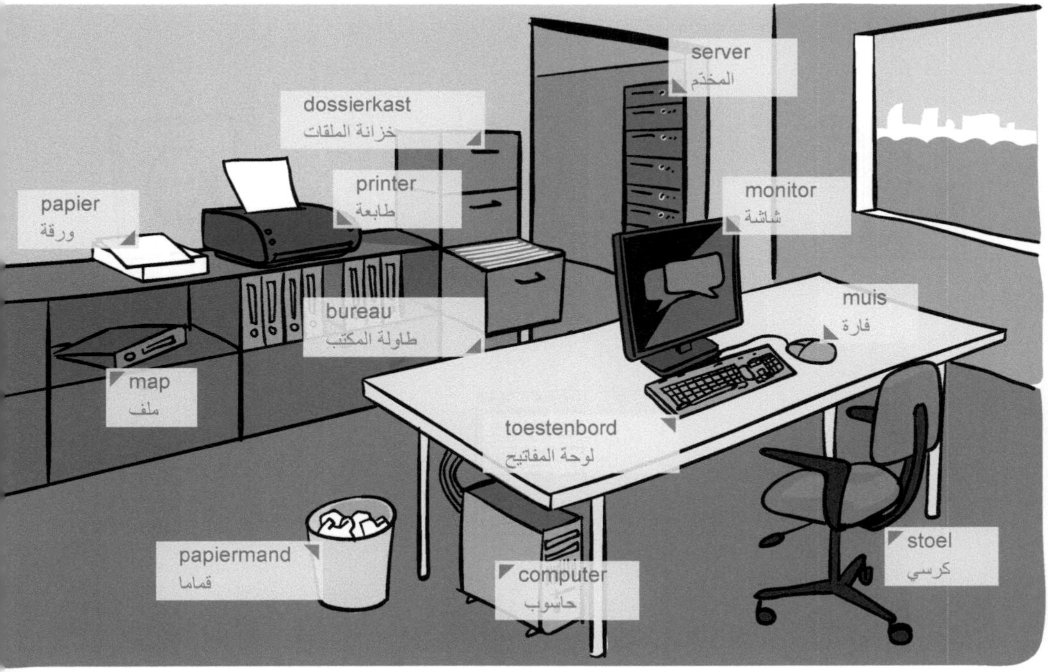
server
المخدّم
dossierkast
خزانة الملفات
printer
طابعة
papier
ورقة
monitor
شاشة
muis
فارة
bureau
طاولة المكتب
map
ملف
toestenbord
لوحة المفاتيح
papiermand
قماما
computer
حاسوب
stoel
كرسي

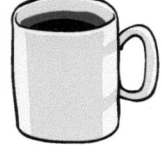

koffiemok

كأس من القهوة

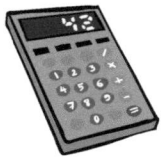

rekenmachine

الآلة الحاسبة

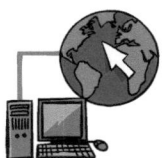

internet

الإنترنت

laptop

الحاسوب المحمول

brief

رسالة

bericht

خبر

gsm

الهاتف المحمول

netwerk

شبكة

kopieerapparaat

جهاز تصوير

software

البرمجيات

telefoon

هاتف

stopcontact

مقبس كهرباني

fax

فاكس

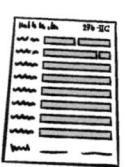

formulier

استمارة

document

وثيقة

kopen

يشتري

betalen

يدفع

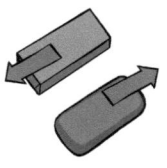

handelen

يتاجر

geld

مال

dollar

دولار

euro

يورو

yen

ين

roebel

روبل

Zwitserse frank

فرنك سويسري

Chinese renminbi

يوان

roepie

روبية

geldautomaat

صرّاف آلي

wisselkantoor

مكتب صرافة

goud

ذهب

zilver

فضة

olie

نفط

energie

طاقة

prijs

سعر

contract

عقد

belasting

ضريبة

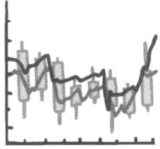

aandeel

سهم

werken

يعمل

werknemer

موظف

werkgever

رب العمل

fabriek

مصنع

winkel

متجر

beroepen
المِهَن

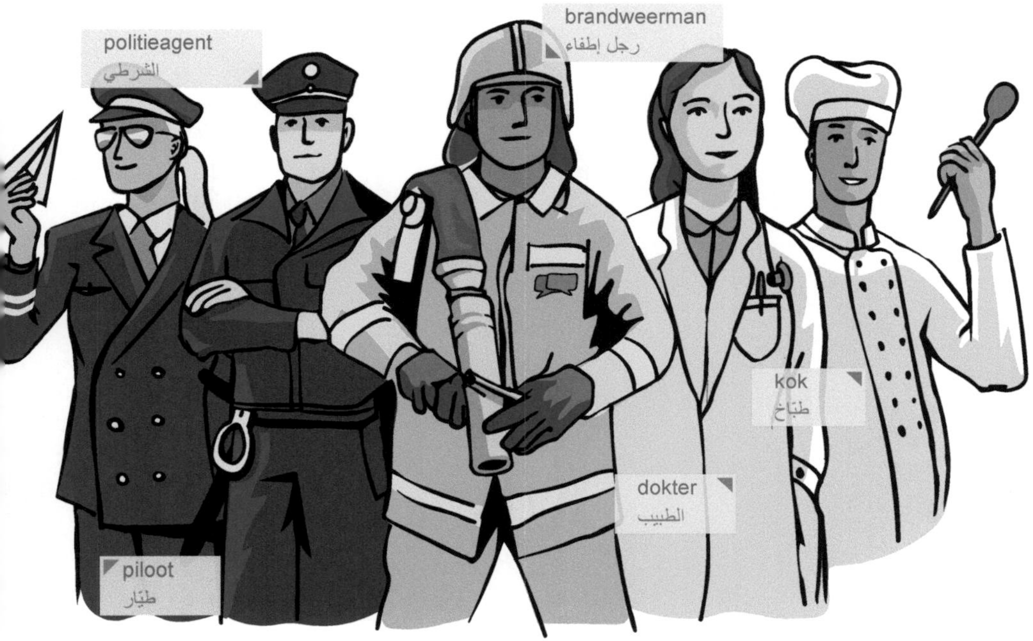

politieagent
الشرطي
brandweerman
رجل إطفاء
kok
طبّاخ
dokter
الطبيب
piloot
طيّار

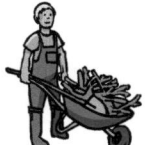

tuinman

بستاني

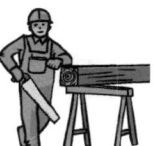

timmerman

نجّار

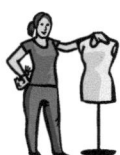

naaister

خيّاطة

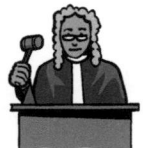

rechter

قاض

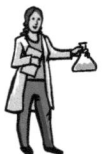

chemicus

كيميائي

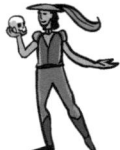

acteur

ممثل

buschauffeur

سائق حافلة

taxichauffeur

سائق تاكسي

visser

صياد سمك

schoonmaakster

أجيرة للتنظيف

dakdekker

بنّاء سقف

ober

نادل

jager

صيّاد

schilder

رسّام

bakker

خبّاز

elektricien

كهربائي

bouwvakker

عامل بناء

ingenieur

مهندس

slager

لحّام

loodgieter

سمكري

postbode

ساعي البريد

soldaat

جندي

architect

مهندس معماري

kassier

أمين صندوق

bloemist

بائع الزهور

kapper

حلاق

conducteur

مراقب القطار

mecanicien

ميكانيكي

kapitein

قبطان

tandarts

طبيب أسنان

wetenschapper

رجل العلم

rabbijn

حاخام

imam

إمام

monnik

راهب

geestelijke

كاهن

werktuigen

عدة عمل

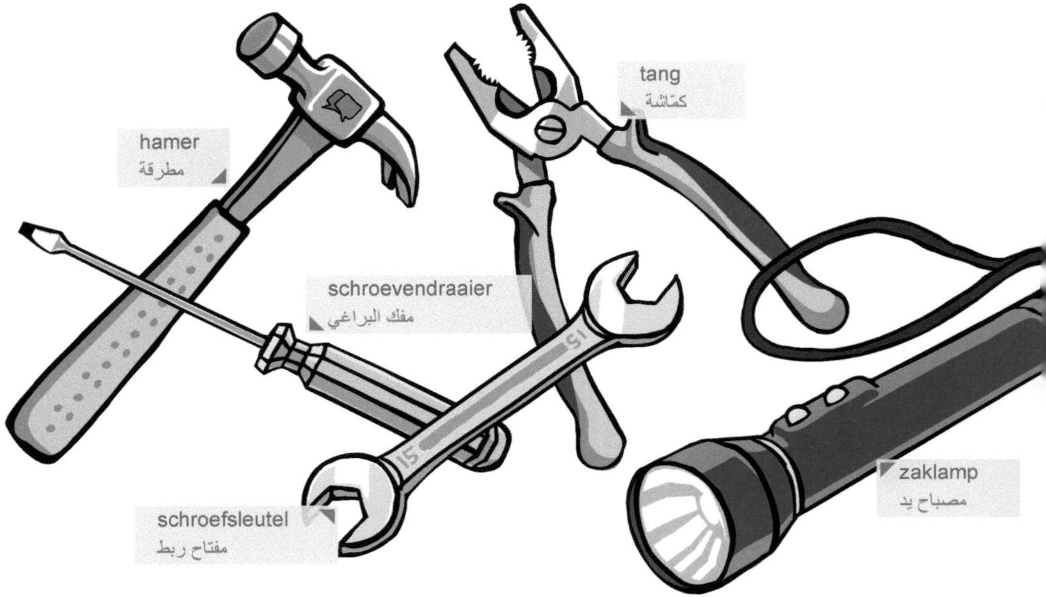

tang
كمّاشة
hamer
مطرقة
schroevendraaier
مفك البراغي
zaklamp
مصباح يد
schroefsleutel
مفتاح ربط

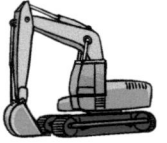

graafmachine

جرافة

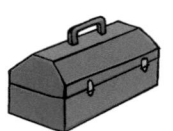

gereedschapskoffer

صندوق العدة

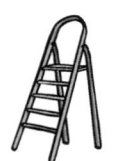

ladder

سلّم

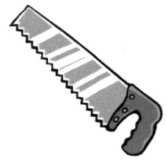

zaag

منشار

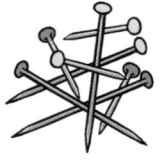

spijkers

مسامير

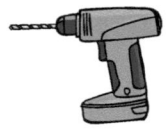

boormachine

مثقب

repareren

يصلح

schop

مجرفة

Verdomme!

اللعنة

blik

لقاطة الكناسة

verfpot

سطل الألوان

schroeven

براغي

muziekinstrumenten
آلات موسيقية

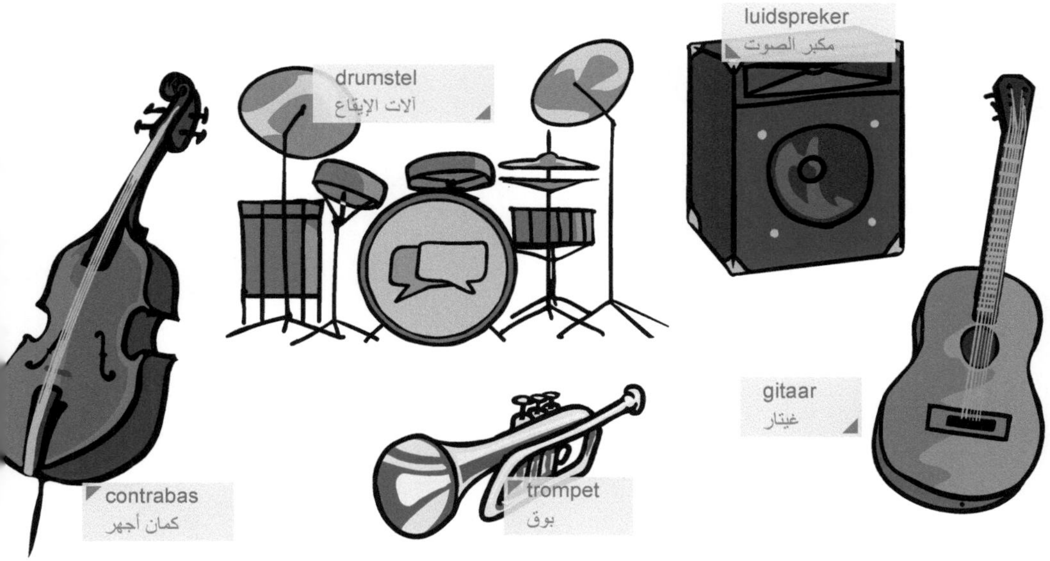

luidspreker
مكبر الصوت

drumstel
آلات الإيقاع

gitaar
غيتار

contrabas
كمان أجهر

trompet
بوق

piano

بيانو

viool

كمنجة

basgitaar

جهير

pauk

طبل كبير

trommels

طبل

keyboard

بيانو كهرباني

saxofoon

ساكسوفون

fluit

ناي

microfoon

ميكروفون

ZOO

حديقة حيوانات

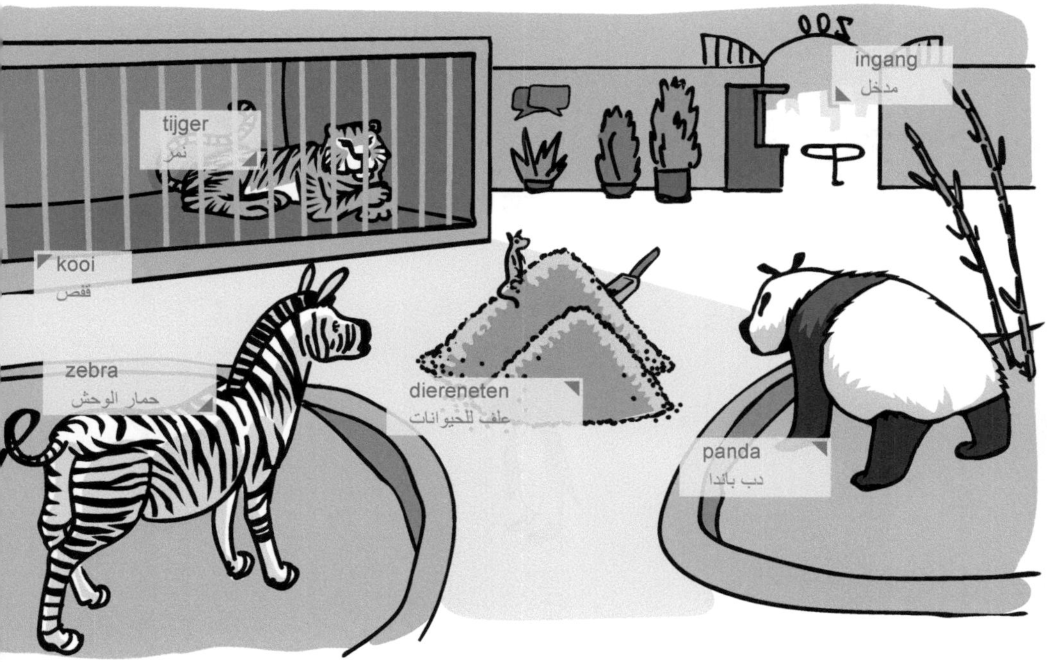
ingang
مدخل
tijger
نمر
kooi
قفص
zebra
حمار الوحش
diereneten
علف للحيوانات
panda
دب باندا

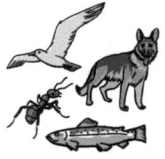

dieren

حيوانات

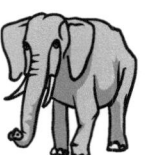

olifant

فيل

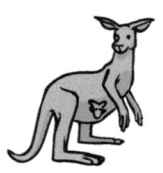

kangoeroe

كنغر

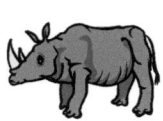

neushoorn

وحيد القرن

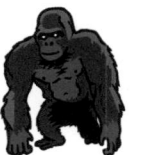

gorilla

غوريلا

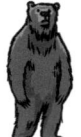

beer

دب

kameel

جمل

struisvogel

نعامة

leeuw

أسد

aap

قرد

flamingo

طائر فلامينغو

papegaai

ببغاء

ijsbeer

دب قطبي

pinguïn

بطريق

haai

سمك القرش

pauw

طاووس

slang

أفعى

krokodil

تمساح

dierenverzorger

حارس في حديقة الحيوان

zeehond

عجل البحر

jaguar

نمر أمريكي مرقط

pony

فرس قزم

luipaard

نمر

nijlpaard

فرس النهر

giraffe

زرافة

adelaar

نسر

wild zwijn

خنزير برّي

vis

سمك

zeeschildpad

سلحفاة

walrus

حيوان فظ البحري

vos

ثعلب

gazelle

غزال

rugby
كرة القدم الأمريكية

wielrennen
ركوب الدراجات

tennis
كرة التنس

basketbal
كرة السلة

zwemmen
السباحة

boksen
الملاكمة

ijshockey
هوكي الجليد

voetbal

كرة القدم

badminton

الريشة الطائرة

atletiek

ألعاب القوى الخفيفة

handbal

كرة اليد

skiën

التزلج على الثلج

polo

بولو

springen
يقفز

lachen
يضحك

knuffelen
يعانق

wandelen
يمشي

zingen
يغني

dromen
يحلم

bidden
يصلي

kussen
يقبل

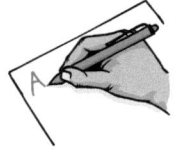

schrijven

يكتب

tekenen

يرسم

tonen

يُري

duwen

يدفع

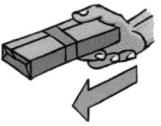

geven

يعطي

nemen

يأخذ

hebben

يملك

doen

يعمل

zijn

يوجد

staan

يقف

lopen

يركض

trekken

يسحب

gooien

يرمي

vallen

يقع

liggen

يستلقي

wachten

ينتظر

dragen

يحمل

zitten

يجلس

aankleden

يلبس

slapen

ينام

ontwaken

يستيقظ

kijken naar

ينظر إلى ..

wenen

يبكي

aaien

يمسّد

kammen

يمشّط

praten

يتكلم

begrijpen

يفهم

vragen

يسأل

luisteren

يسمع

drinken

يشرب

eten

يأكل

opruimen

يرتب

houden van

يحب

koken

يطبخ

rijden

يقود

vliegen

يطير

zeilen

يبحر بزورق شراعي

rekenen

يحسب

Lezen

يقرأ

leren

يتعلم

werken

يعمل

trouwen

يتزوج

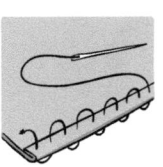

naaien

يخيط

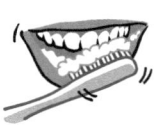

tandenpoetsen

ينظّف أسنانه

doden

يقتّل

roken

يدخّن

sturen

يرسل

familie
عائلة

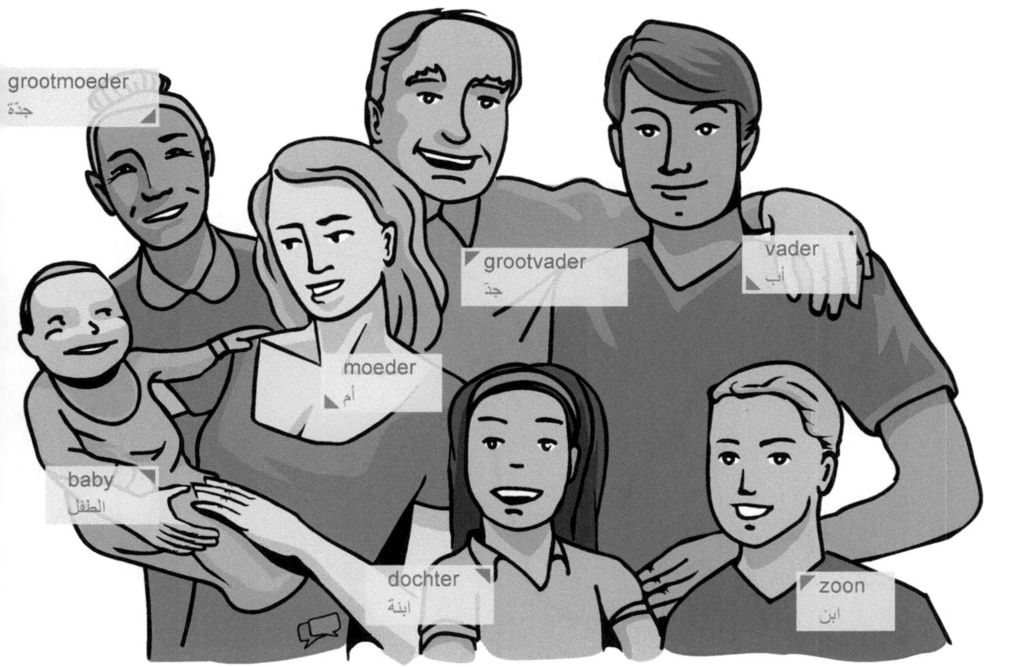
grootmoeder
جدّة
grootvader
جدّ
vader
أب
moeder
أم
baby
الطفل
dochter
ابنة
zoon
ابن

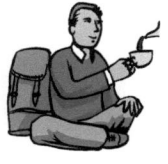

gast

ضيف

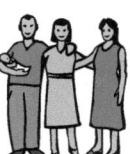

tante

عمّة / خالة

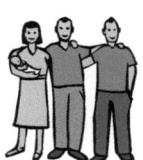

oom

عمّ / خال

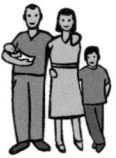

broer

أخ

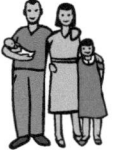

zus

أخت

lichaam

الجسم

voorhoofd
الجبين
oog
العين
schouder
الكتف
vinger
الإصبع
gezicht
الوجه
kin
الذقن
hand
اليد
been
الساق
borst
الصدر
arm
الذراع

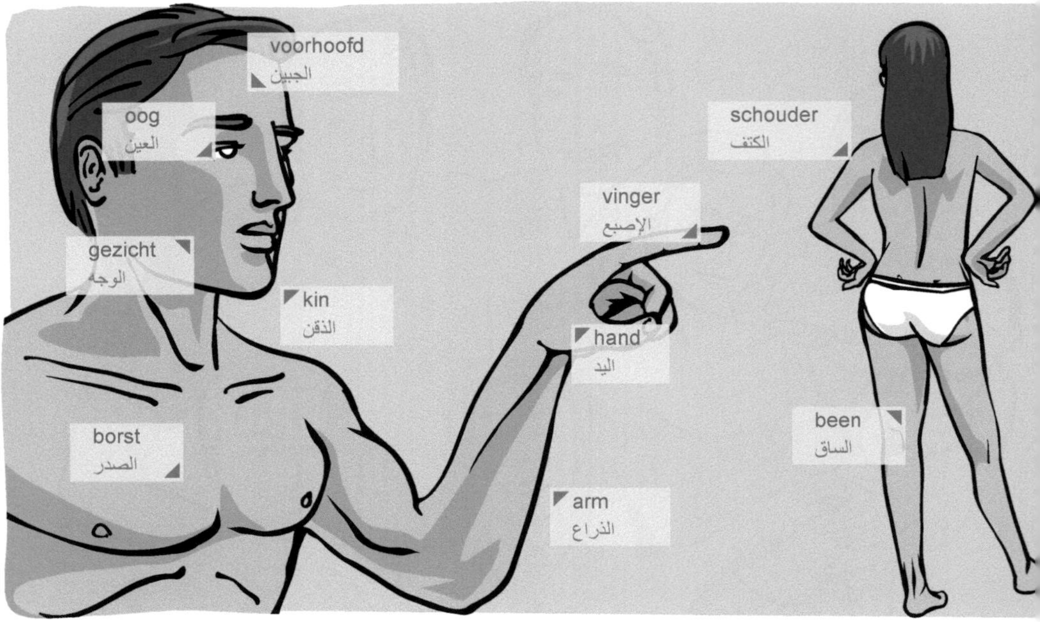

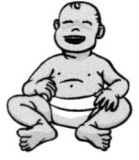

baby

الطفل

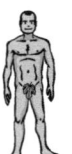

man

الرجل

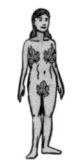

vrouw

المرأة

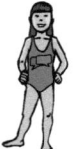

meisje

البنت

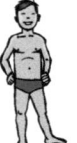

jongen

الولد

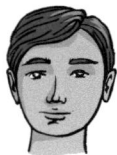

hoofd

الرأس

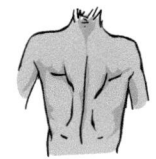

rug

الظهر

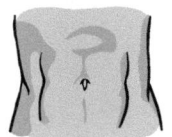

buik

البطن

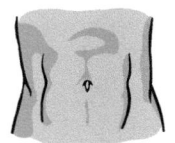

navel

السرّة

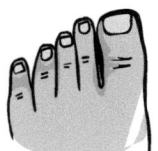

teen

إصبع القدم

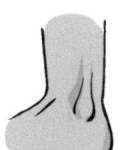

hiel

الكعب

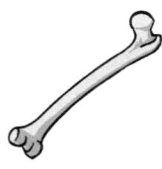

bot

العظم

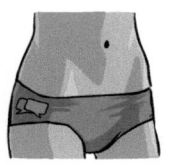

heup

الورك

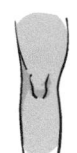

knie

الركبة

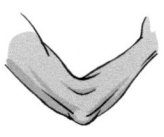

elleboog

المرفق

neus

الأنف

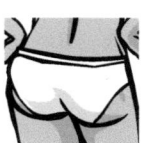

zitvlak

العَجُز

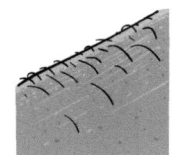

huid

البشرة

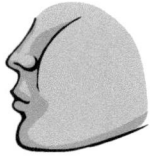

wang

الخد

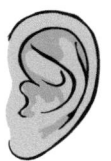

oor

الأذن

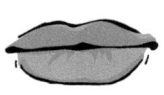

lip

الشفة

mond

الفم

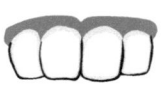

tand

السن

tong

اللسان

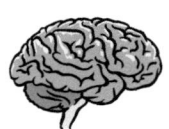

hersenen

الدماغ

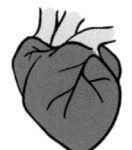

hart

القلب

spier

العضلة

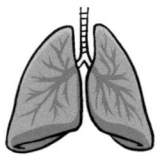

long

الرئة

lever

الكبد

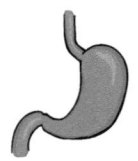

maag

المعدة

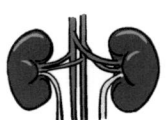

nieren

الكلى

seks

الاتصال الجنسي

condoom

الواقي المطاطي

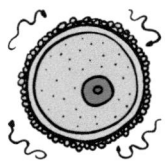

eicel

البويضة

sperma

المنيّ

zwangerschap

الحمل

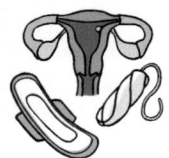

menstruatie

الحيض

vagina

المهبل

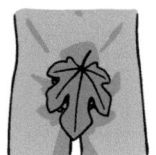

penis

القضيب

wenkbrauw

الحاجب

haar

الشعر

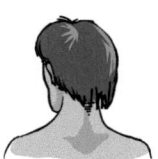

nek

الرقبة

ziekenhuis
المستشفى

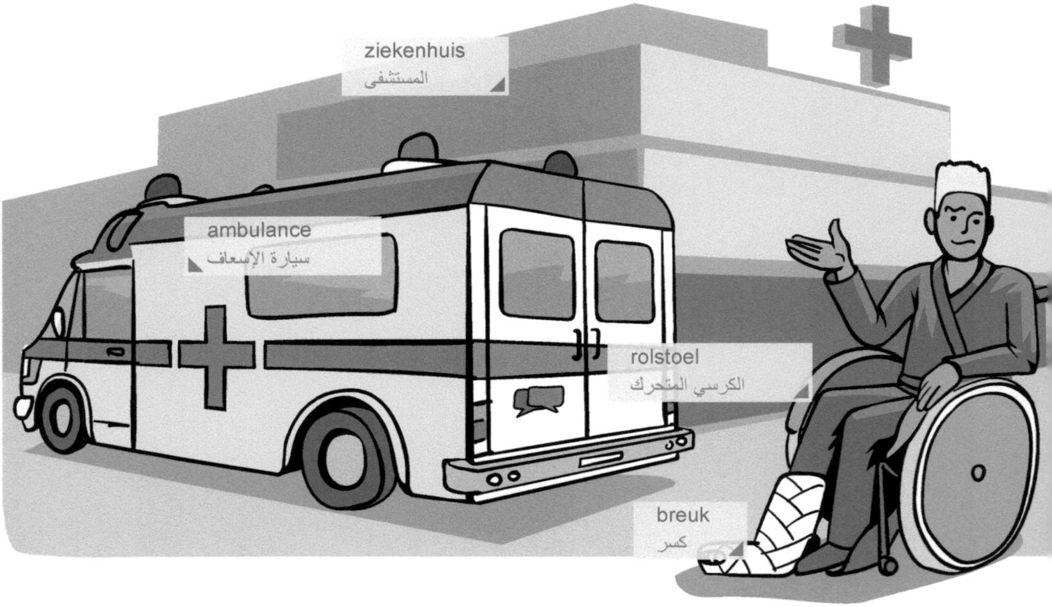

ziekenhuis
المستشفى
ambulance
سيارة الإسعاف
rolstoel
الكرسي المتحرك
breuk
كسر

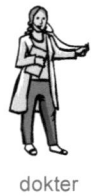

dokter

الطبيب

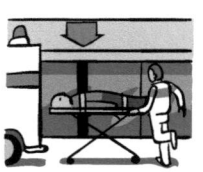

spoed

غرفة الإسعاف

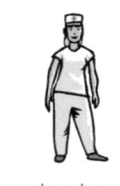

verpleegkundige

الممرضة

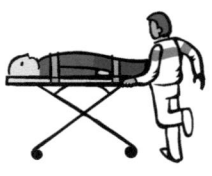

noodgeval

حالة

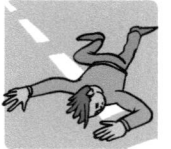

bewusteloos

مغمى عليه

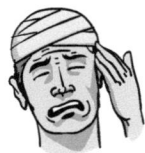

pijn

الألم

verwonding

إصابة

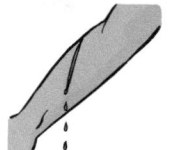

bloeding

النزيف

hartaanval

احتشاء القلب

beroerte

جلطة

allergie

حسسية

hoest

السعال

koorts

الحُمّى

griep

إنفلونزا

diarree

الإسهال

hoofdpijn

وجع الرأس

kanker

السرطان

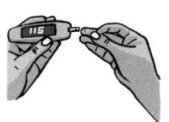

diabetes

مرض السكر

chirurg

جرّاح

scalpel

مبضع

operatie

عملية

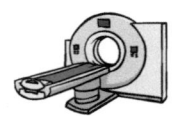

CT

سيتي سكان

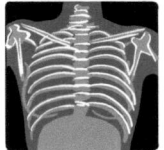

röntgenstraal

الأشعة السينية

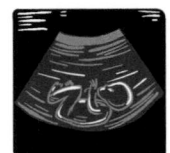

ultrageluid

فوق الصوتي

gezichtsmasker

القناع

ziekte

المرض

wachtkamer

غرفة الانتظار

kruk

العُكّاز

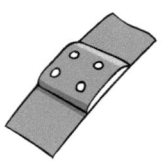

pleister

شريط لاصق

verband

ضماد

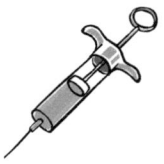

injectie

حقنة

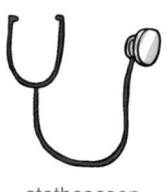

stethoscoop

سمّاعة الطبيب

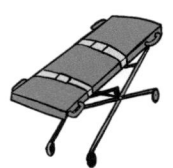

brancard

نقالة

thermometer

ميزان حرارة

geboorte

ولادة

overgewicht

وزن زائد

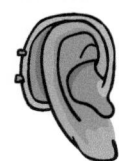

hoorapparaat

جهاز السمع

ontsmettingsmiddel

المواد المعقمة

infectie

عدوى

virus

فيروس

HIV / AIDS

الإيدز

medicijn

الطب

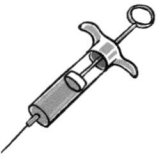

vaccinatie

اللقاح

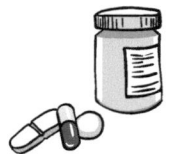

tabletten

أقراص الدواء

pil

حبّة الدواء

noodoproep

نداء النجدة

bloeddrukmeter

مقياس ضغط الدم

ziek / gezond

مريض / صحيح

Help!

النجدة!

alarm

إنذار

overval

اعتداء

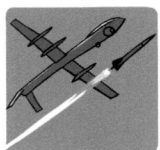

aanval

هجوم

gevaar

خطر

nooduitgang

مخرج طوارئ

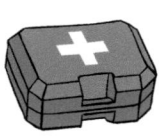

Brand!

حريق!

brandblusser

جهاز الإطفاء

ongeval

حادث

EHBO-kit

حقيبة الإسعاف الأولي

SOS

أنقذونا

politie

الشرطة

Europa

أوروبا

Noord-Amerika

أمريكا الشمالية

Zuid-Amerika

أمريكا الجنوبية

Afrika

أفريقيا

Azië

آسيا

Australië

أستراليا

Atlantische Oceaan

المحيط الأطلسي

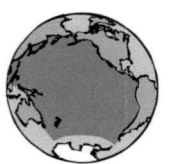

Stille Oceaan

المحيط الهادي

Indische Oceaan

المحيط الهندي

Antarctische Oceaan

المحيط المتجمد الجنوبي

Arctische Oceaan

المحيط المتجمد الشمالي

Noordpool

القطب الشمالي

Zuidpool

القطب الجنوبي

Antarctica

منطقة القطب الجنوبي

aarde

أرض

land

بر

zee

بحر

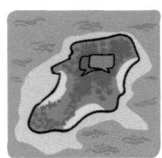

eiland

جزيرة

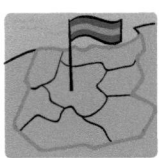

natie

أمة

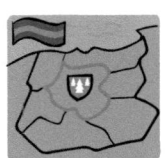

staat

دولة

aarde - أرض

wijzerplaat

ميناء الساعة

uurwijzer

عقرب الساعات

minuutwijzer

عقرب الدقائق

secondewijzer

عقرب الثواني

Hoe laat is het?

كم الساعة الآن؟

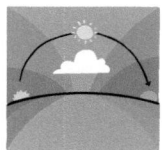

dag

يوم

tijd

زمن

nu

الآن

digitale horloge

ساعة رقمية

minuut

دقيقة

uur

ساعة

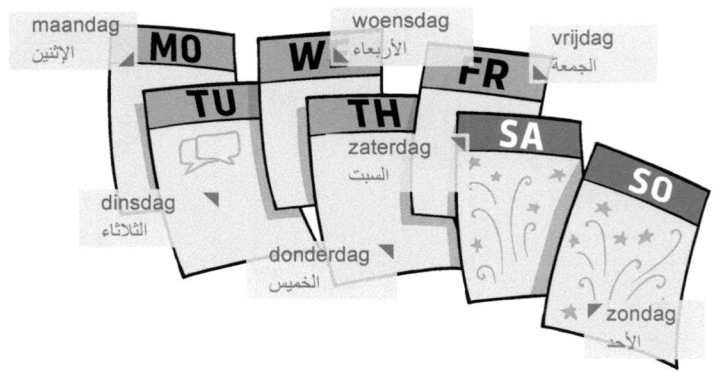

maandag
الإثنين

woensdag
الأربعاء

vrijdag
الجمعة

dinsdag
الثلاثاء

zaterdag
السبت

donderdag
الخميس

zondag
الأحد

gisteren

الأمس

vandaag

اليوم

morgen

غداً

ochtend

الصباح

middag

الظهر

avond

المساء

werkdagen

أيام العمل

weekend

نهاية الأسبوع

jaar
سنة

regen
مطر
regenboog
قوس قزح
sneeuw
ثلج
wind
ريح
lente
الربيع
herfst
الخريف
zomer
الصيف
winter
الشتاء

4.APRIL 11°
5.APRIL 4°
6.APRIL 13°
7.APRIL 8°
8.APRIL 10°

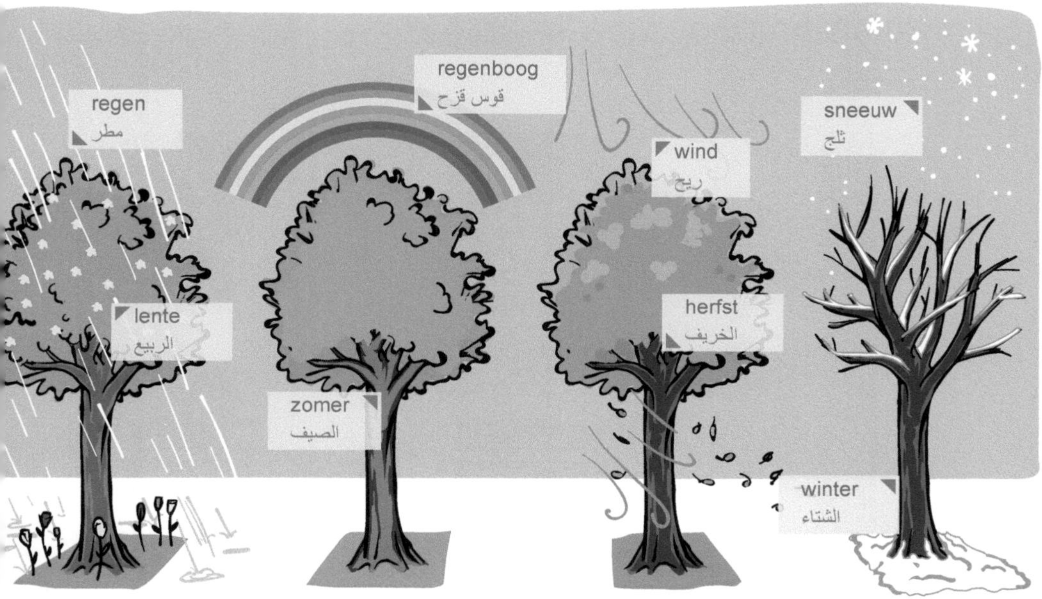

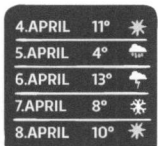

weervoorspelling

التنبؤ بالحالة الجوية

F C
120 40
90 30
60 20
30 10
0 0
-30 -10
-20

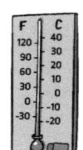

thermometer

مقياس حرارة

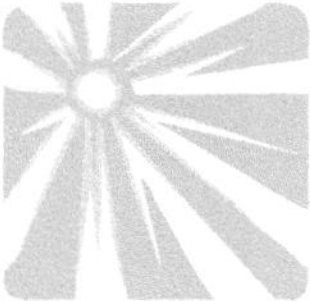

zonneschijn

ضوء الشمس

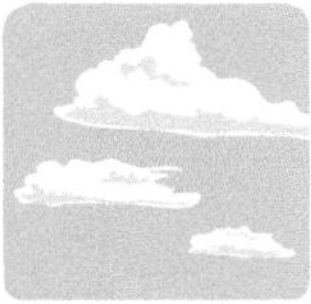

wolk

سحابة

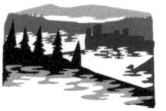

mist

ضباب

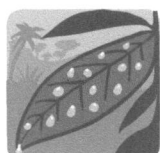

vochtigheid

رطوبة الجو

bliksem

برق

donder

رعد

storm

عاصفة

hagel

بَرَد

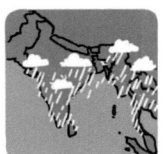

moesson

ريح موسمية

overstroming

طوفان

ijs

جليد

januari

كانون الثاني / يناير

februari

شباط / فبراير

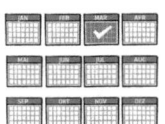

maart

آذار / مارس

april

نيسان / أبريل

mei

أيار / مايو

juni

حزيران / يونيو

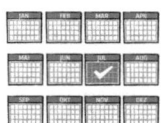

juli

تموز / يوليو

augustus

آب / أغسطس

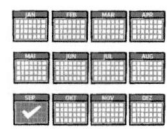

september

أيلول / سبتمبر

oktober

تشرين الأول / أكتوبر

november

تشرين الثاني / نوفمبر

december

كانون الأول / ديسمبر

vormen

أشكال

cirkel

دائرة

kwadraat

مربّع

rechthoek

مستطيل

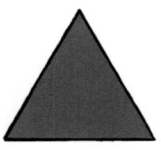

driehoek

مثلث

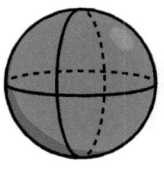

bol

كرة

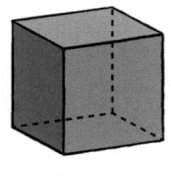

kubus

مكعب

wit

أبيض

geel

أصفر

oranje

برتقالي

roze

وردي

rood

أحمر

paars

بنفسجي

blauw

أزرق

groen

أخضر

bruin

بني

grijs

رمادي

zwart

أسود

veel / weinig

كثير / قليل

boos / kalm

غضبان / هادئ

mooi / lelijk

جميل / قبيح

begin / einde

بداية / نهاية

groot / klein

كبير / صغير

licht / donker

فاتح / قاتم

broer / zus

أخ / أخت

proper / vuil

نظيف / وسخ

volledig / onvolledig

كامل / ناقص

dag / nacht

نهار / ليل

dood / levend

ميت / حيّ

breed / smal

عريض / ضيّق

eetbaar / oneetbaar

صالح للأكل / غير صالح

kwaadaardig / vriendelijk

شرّير / لطيف

opgewonden / verveeld

مثير / ممل

dik / dun

سمين / نحيف

eerst / laatst

أولاً / أخيراً

vriend / vijand

صديق / عدو

vol / leeg

مليء / فارغ

hard / zacht

صلب / ليّن

zwaar / licht

ثقيل / خفيف

honger / dorst

جوع / عطش

ziek / gezond

مريض / صحيح

illegaal / legaal

غير شرعي / شرعي

intelligent / dom

ذكي / غبي

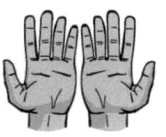

links / rechts

يسار / يمين

dichtbij / veraf

قريب / بعيد

nieuw / gebruikt

جديد / مستعمل

niets / iets

لا شيء / بعض الشيء

oud / jong

مسين / شاب

aan / uit

يشعل / يطفئ

open / dicht

مفتوح / مغلق

stil / luid

خافت / عالٍ

rijk / arm

غني / فقير

juist / fout

صح / خطأ

ruw / glad

أحرش / املس

droevig / blij

حزين / سعيد

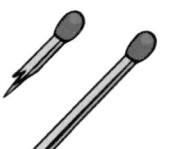

kort / lang

قصير / طويل

traag / snel

بطيء / سريع

nat / droog

مبلول / جاف

warm / koud

ساخن / بارد

oorlog / vrede

حرب / سلم

0

nul

صفر

1

één

واحد

2

twee

اثنان

3

drie

ثلاثة

4

vier

أربعة

5

vijf

خمسة

6

zes

ستة

7

zeven

سبعة

8

acht

ثمانية

9

negen

تسعة

10

tien

عشرة

11

elf

أحد عشر

12

twaalf

اثنا عشر

13

dertien

ثلاثة عشر

14

veertien

أربعة عشر

15

vijftien

خمسة عشر

16

zestien

ستة عشر

17

zeventien

سبعة عشر

18

achtien

ثمانية عشر

19

negentien

تسعة عشر

20

twintig

عشرون

100

honderd

مائة

1.000

duizend

ألف

1.000.000

miljoen

مليون

Engels

الإنكليزية

Amerikaans Engels

الإنكليزية الأمريكية

Chinees (Mandarijn)

لغة ماندارين الصينية

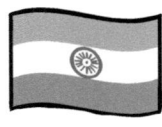

Hindi

الهندية

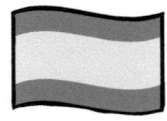

Spaans

الإسبانية

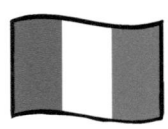

Frans

الفرنسية

Arabisch

العربية

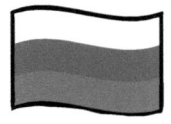

Russisch

الروسية

Portugees

البرتغالية

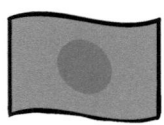

Bengali

البنغالية

Duits

الألمانية

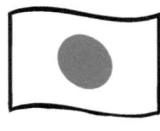

Japans

اليابانية

ik

أنا

u

أنت

hij / zij / het

هو / هي

wij

نحن

u

أنتم

ze

هم

wie?

من؟

wat?

ماذا؟

hoe?

كيف؟

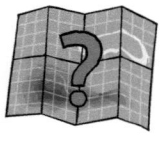

waar?

أين؟

wanneer?

متى؟

naam

اسم

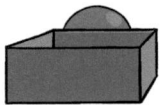

achter

خلف

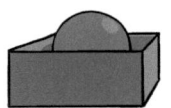

in

في

voor

أمام

boven

فوق

op

على

onder

تحت

naast

جنب

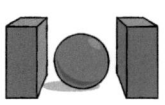

tussen

بين

plaats

مكان